¿HAS VISTO ESTAS AVES?

Joanne Oppenheim

ilustraciones de Barbara Reid

SCHOLASTIC INC.

New York   Toronto   London   Auckland   Sydney

4   5   6   7   8   9   10   08   01   00   99   98   97

¿Has visto estas aves alguna vez?

Aves zancudas
muy patudas,

pájaros chiquitos,
muy menuditos,

buches brillantes,
crestas ondeantes,
colitas marrones
o grandes abanicos de colores.
¿Has visto estas aves alguna vez?

¿Has visto las aves de primavera?
Pichoncitos plumosos,
llorones, dormilones,
comilones y curiosos.

¿Has visto los pájaros del verano en el jardín?
Hacen sus nidos en los arbolitos,
atrapan gusanos y cazan mosquitos
para alimentar a sus pichoncitos.
Beben y se bañan, hacen gorgoritos,
son inquietos y felices pajaritos.
¿Has visto estas aves alguna vez?

¿Has visto las aves del otoño?
Visitan el comedero,
siguen al que vuela primero,

se alejan volando en hilera
y regresan en primavera.
¿Has visto estas aves alguna vez?

¿Has visto las aves de invierno?
Sorben la nieve, picotean las ramas,
se pasan quietitas las noches heladas.

Las aves de invierno comen muchísimo:
sobras de comida, sacos de semillas,
todo es riquísimo.
¿Has visto aves en la nieve?

¿Has visto las aves del bosque?
Son pájaros tímidos que no vuelan muy alto
y que se esconden al menor sobresalto.

Caminan con la cabeza para abajo
como acróbatas o payasos,

son saetas en los aires,
carpinteros y cantantes.

Escucha: ¿no oyes los trinos
de los pájaros del bosque?

¡*Uuuuuuuuuuu!*
¿Has oído las aves nocturnas?
Vuelan taciturnas
a la luz de la luna,
espantan conejos miedosos,
cazan murciélagos y topos.

¿Has oído el terrible *uuuuuuuuu*
de las aves nocturnas que salen a cazar?

¿Has oído las aves de la ciudad?
Andan picoteando por el suelo
y arrullándose por el cielo,

riñen enojadas,
charlan reconciliadas,

gruñen, graznan,
chillan, cantan.

¿Has oído estas aves alguna vez?

¿Has visto las aves de las granjas?
Escarban el suelo, cloquean,
picotean, se contonean,

cacarean.

Y las aves del campo,
¿las has visto?

Viven cerca de los granos,

cazan grillos,
comen moras

y silban desde los cardos.
¿Has visto estas aves alguna vez?

¿Has visto las aves de los pantanos?
Con sus patas como palmas
pedalean en el agua,
van andando con gran calma,

vadeando entre las plantas.

¿Conoces las aves del mar?
Vuelan torcidas al viento
y cambian de dirección en un momento.

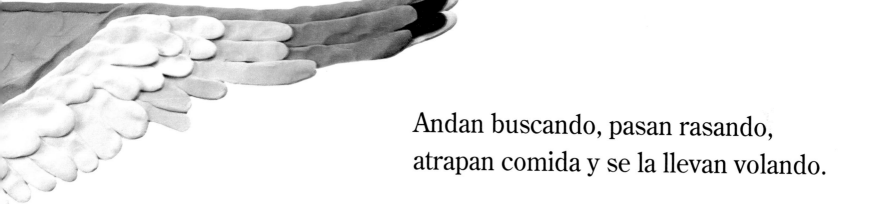

Andan buscando, pasan rasando,
atrapan comida y se la llevan volando.

¿Y las aves pescadoras de patas planas?
Charlan, aletean,
y en la laguna bucean.

¿Has visto estas aves alguna vez?

Mira hacia arriba: ¿ves las aves del cielo?
Vuelan hasta lo alto
y atraviesan veloces el espacio.

Dan vueltas con el viento,
libres y contentas,
suben al cielo a volar,
bajan al agua a jugar.
¿Has visto estas aves alguna vez?